Gelassen durch den Advent

Gelassen durch den Advent

der etwas andere Adventskalender

von und mit Anouk Rüdiger

Bibliografische Information der
Deutschen Nationalbibliothek:
Die Deutsche Nationalbibliothek verzeichnet
diese Publikation in der Deutschen National-
bibliografie; detaillierte bibliografische Daten
sind im Internet über dnb.dnb.de abrufbar.

Herstellung und Verlag: BoD – Books
on Demand, Norderstedt

ISBN: 978-3-75199-939-7

Über die Autorin

Anouk Rüdiger, geboren 1990 in Leverkusen. Ein Mädchen wie jedes Andere, mit einer besonderen Geschichte. Aus genau Dieser resultiert die Kreativität und das Wissen darüber, was der Seele gut tun kann.

Lest auch ihren ersten veröffentlichten Roman über ihr eigenes Leben, die Höhen und Tiefen des Lebens mit Ängsten.

Online erhältlich überall, wo es Bücher gibt

Gerne kannst du mir eine Email mit Feedback oder weiteren Anregungen schicken. Ich freue mich darauf.

Anouk.ruediger@mail.de

Vorwort

Wie schön, du bist gerade dabei die erste Seite zu lesen. Klopfe dir dafür ruhig mal selbst auf die Schulter, es ist nämlich nicht mehr selbstverständlich sich Zeit für so etwas zu nehmen. Aber genau darum wird es hier gehen: um Zeit für dich. Du wirst dir in dieser Zeit voller »Nächstenliebe« nämlich selbst, der oder die Nächste sein. Keine Sorge, du wirst dich nicht in einen vollkommenen Egoisten verwandeln. Ganz im Gegenteil: du hältst deine Kraftreserven zusammen, um auch für deine Mitmenschen dauerhaft ein guter Freund sein zu können. Vielleicht bist du ja auch ein Mensch, der mit Weihnachten so gar nichts am Hut haben will, dann fühle dich dennoch eingeladen dieses Buch weiter zu lesen. Natürlich wird hier auf Ressourcen der Weihnachtszeit zurückgegriffen, es wäre ja auch schade, wenn nicht. Aber wir arbeiten hier nicht auf das große Fest und die Geburt Jesu hin, wir arbeiten auf dein Fest hin. Darauf, dass du am großen Tag der Tage nicht völlig abgekämpft bist, sondern etwas für dich erreichst. Was das genau sein wird, werden wir noch herausfinden. Wichtig ist, dass du dir die Zeit dafür nimmst. Denn Zeit ist ein kostbares Gut, welches wir häufig mit negativen Gedanken, Ärger oder Aktivitäten füllen, die uns überhaupt nichts bringen. Diese Zeit, gehört jetzt nur dir und ich wünsche dir, dass du sie für dich sinnvoll nutzen kannst.

Für die optimale Nutzung dieses Kalenders, werde ich dir online über meinen Podcast »Mit Anouk gegen die Angst« einige Audiodateien zur Verfügung stellen. Diese sind selbstverständlich kostenlos und über alle gängigen Podcastportale, sowie über den normalen Internetbrowser abrufbar. Einfach den Namen des Podcasts in die Suchmaschine eingeben und schon findest du mich. Dieser Podcast behandelt noch andere Themen, insbesondere den Umgang mit Ängsten. Viel Spaß dabei.

1. Dezember

Dein innerer sicherer Ort

An unserem ersten Tag möchte ich mit dir eine kleine Übung machen, die zur Grundlage in dieser Zeit wird und ich hoffe, dass du dich darauf einlassen kannst. Es handelt sich um eine Entspannungsübung, von ca. 10 Minuten. In dieser Übung gestaltest du deinen inneren sicheren Ort, der dich von nun an begleiten soll. An dem du dich im Geiste jederzeit zurück ziehen kannst, um dich dem Stress zu entziehen.

Diese Übung ist wichtig, weil es manchmal nicht reicht die Türe hinter sich zu schließen und die Welt auszusperren. Der Kopf arbeitet trotzdem weiter und es fällt uns schwer mit Konflikten oder Begegnungen umzugehen. Dieser Ort ist etwas, was nur du in deinem Kopf kreierst und er kann zu deinem Ruheort werden, den du täglich aktiv nutzen kannst. Vielleicht in der Mittagspause auf der Arbeit, oder nachdem du dich durch die volle Stadt gekämpft hast, wobei man oft das Gefühl hat alle Menschen seien gerade gleichzeitig auf der Straße.

Diese Meditation findest du in meinem bereits erwähnten Podcast unter dem Namen Türchen Nummer 1. Du kannst aber auch gerne die Suchmaschine deines Internetbrowsers nutzen. Dort wirst du ebenso fündig für die Übung: Innerer sicherer Ort.

Nun lasse dich einfach mal darauf ein. Vielleicht kennst

du diese Übung ja schon, dann wiederhole sie einfach. Dadurch manifestiert sich dieser Ort besser in deinem Unterbewusstsein und vielleicht entdeckst du neue kleine Details, die diesen Ort für dich noch persönlicher gestalten.

Super! Damit hast du einen, der Grundpfeiler für eine weniger stressige Weihnachtszeit gesetzt. Mache dir bewusst, dass du dir diese Zeit jetzt nur für dich genommen hast.

Bis Morgen

2. Dezember

Wenn das Immunsystem schwächelt, verliert der Körper an Widerstandskraft. Du fängst dir schnell mal eine Erkältung ein, die unter Umständen sehr hartnäckig sein kann.

Genauso ist es mit deiner Seele. Hat sie keine Widerstandskräfte, wird sie anfällig und schwach, doch genau diese Widerstandskraft kann erlernt werden.

Gehe heute in dich und überlege dir, was deine Seele braucht, um stark zu werden und zu bleiben. Diese Übung mag dir zu Beginn schwerfallen, aber beobachte dich mal über den Tag und nimm aktiv wahr, was dir gut tut und was nicht. Denn es sind oft Kleinigkeiten, die einfach in den Alltag zu integrieren sind und deine Seele auf Dauer stärken.

Ein heißes Bad, ein Abend mit einem guten Freund, ohne ständig aufs Smartphone zu schauen. Einfach mal die Wolken am Himmel beobachten, eine heiße Tasse Tee vor dem zu Bett gehen und so weiter. Schreibe es dir auf und nehme dir jeden Tag eines dieser Dinge vor. Du wirst sehen, dass du viel bewusster durch den Tag gehst.

Was braucht meine Seele, um stark zu werden und zu bleiben?

_____

_____

_____

_____

_____

_____

_____

_____

_____

_____

_____

_____

_____

Bis Morgen

3. Dezember

„Die Musik drückt das aus, was nicht gesagt werden kann und worüber es zu schweigen unmöglich ist."

Victor Hugo

Für viele Menschen ist Musik ein großartiges Ventil, um ihre Gefühle auszudrücken, zu verstärken oder zu untermauern. Man sollte die Kraft der Musik nicht unterschätzen. Sie kann uns in ein Hoch katapultieren, aber auch in ein tiefes Loch stürzen. Manchmal braucht man es auch, um Gefühle besser verarbeiten zu können. Jedoch solltest du stets in der Lage sein, dich davon auch wieder lösen zu können und deine Stimmung zu stabilisieren. Und so kommen wir zu deiner heutigen Aufgabe. Natürlich sind schon seit knapp zwei Monaten die alljährlichen Evergreens in den Kaufhäusern und auf allen Radiosendern zu hören. Die einen lieben, die Anderen hassen es. Und du? Bist du der Mensch, der bei den ersten Akkorden von Last Christmas mit den Augen rollt oder fangen deine Augen an zu strahlen?

Wie dem auch sei, heute erstellst du deine persönliche Advents-Playlist. Du kannst sie vollstopfen, mit allen Hits, welche die Weihnachtszeit zu bieten hat, oder du machst dir deine Anti-Playlist und packst die Songs darauf, die dich glücklich machen. Und genau das ist der

Punkt: Es ist wichtig, dass die Songs dich nicht runterziehen, oder ins Grübeln bringen. Sorge dafür, dass du nur Lieder auswählst, welche du mit schönen Erinnerungen verknüpfst oder die dir einfach gute Laune bescheren.

Das soll nicht heißen, dass du sie von morgens bis abends hören musst. Diese Playlist sollte aber dein Ankerpunkt werden, um dich aus einer Melancholie rauszuholen. Eine Art Stimmungsstabilisator für schwierige Momente. Vielleicht entdeckst du ja sogar eine ganz neue Musikrichtung für dich? Nimm dir Zeit und stöber mal durch unentdeckte Kategorien, du wirst überrascht sein, welche Schätze auf dich warten.

Bis Morgen

4. Dezember

Mit wem hättest du (wieder) gerne Kontakt und warum? Diese Frage wird für die ein oder andere Person schwierig sein. Horche heute mal in dich hinein und überlege, welchen Menschen du im Leben begegnet bist, zu denen aber der Kontakt einfach eingeschlafen ist. Menschen, die du jedoch als Bereicherung empfunden hast und du es schade findest, dass sie nicht mehr Teil deines Lebens sind. Vielleicht ist es auch nur eine flüchtige Bekanntschaft gewesen und du hättest dir eine festere Bindung vorstellen können? Egal, ob freundschaftlich oder romantisch.

Vielleicht denkst du aber auch an eine dir sehr nahestehende Person, mit der du im Streit auseinander gegangen bist?

Um welches Verhältnis auch immer es sich handelt, jetzt hast du die Zeit aktiv zu werden. Denke darüber nach, warum du mit dieser Person gerne wieder Kontakt hättest und mache den ersten Schritt. Gerade bei zwischenmenschlichen Beziehungen, welche im Streit endeten, ist diese Zeit gewinnbringend.

Denn neben dem ganzen Weihnachtsstress, sehnen sich die meisten Menschen ebenso nach Geborgenheit und Liebe und sind gewillter zu verzeihen, oder alte Bindungen neu aufleben zu lassen.

Überlege dir jedoch genau, ob auch du das möchtest und

ob es dir und deiner Seele jetzt gut tut. Fühlst du dich dem nicht gewachsen, dann verschiebe es. Vielleicht hilft es dir ja dich an deinen inneren sicheren Ort zurück zu ziehen und dir vorzustellen, du würdest mit dieser Person dort sein. Fühlt es sich gut an? Oder ist es dir unangenehm?

Wofür du dich auch entscheidest, es bringt dich in deinem Inneren weiter, weil du dich bewusst damit auseinandersetzt und das ist eine sehr wertvolle Erfahrung.

Bis Morgen

5. Dezember

Hast du eigentlich ein Abendritual? Und ich meine nicht: Pippi machen, zähneputzen, ab ins Bett. Sondern Dinge, die deinem Körper und deinem Gehirn signalisieren, dass es Zeit zum schlafen ist.

Solche Rituale können die Qualität des Einschlafens und Durchschlafens stark verbessern. Entwerfe heute dein eigenes Einschlafritual, eines, was auf dich persönlich zugeschnitten ist. Ich habe für dich ein paar Tipps, an denen du dich orientieren kannst. Es beinhaltet einige wichtige Faktoren, die zu beachten sind, um die Schlafqualität zu verbessern. Ich erkläre auch im einzelnen, wieso diese Dinge wichtig sind.

Schalte eine Stunde vor dem zu Bett gehen den Blaufilter an deinem Smartphone ein und reduziere die Helligkeit auf ein Minimum.

Moderne Bildschirme strahlen wesentlich mehr blaues Licht aus, als in der Natur vorgesehen. Da wir meistens noch vor dem Schlafen auf den Bildschirm schauen, stört dieses Licht die Produktion von Melatonin (auch bekannt als Schlafhormon). Der Blaufilter verschafft Besserung.

Gestalte deine Schlafumgebung gemütlich und warm. In ein gemachtes Bett schlüpft es sich leichter und es wirkt einladender.

Wer sich in seinem Schlafgemach nicht wohl fühlt, wird es schwer haben dort entspannt einzuschlafen. Deshalb schaue dich um und überlege, wie du diese Umgebung für dich ansprechender gestalten kannst. Manchmal reicht es schon die schmutzige Wäsche weg zu räumen und eine kleine Pflanze hineinzustellen.

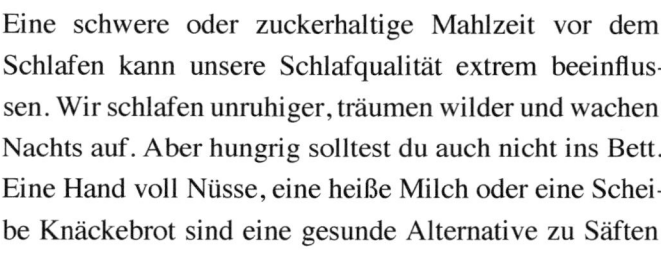

Esse drei Stunden vor dem Schlafen nichts Schweres mehr.

Eine schwere oder zuckerhaltige Mahlzeit vor dem Schlafen kann unsere Schlafqualität extrem beeinflussen. Wir schlafen unruhiger, träumen wilder und wachen Nachts auf. Aber hungrig solltest du auch nicht ins Bett. Eine Hand voll Nüsse, eine heiße Milch oder eine Scheibe Knäckebrot sind eine gesunde Alternative zu Säften und süßen Snacks.

Rotlicht im Badezimmer.

Ein heißer Tipp für alle, die im Bett liegen und kurz vor dem Einschlafen nochmal auf die Toilette müssen. Rotes Licht sorgt dafür, dass die Augen sich nicht an eine neue Lichtfrequenz gewöhnen müssen. Das typische zusammenkneifen der Augen, wenn das Helle Licht im Bad angeht bleibt aus und die durch Müdigkeit entstandene Schwere der Augen bleibt erhalten.

Schalte dein Smartphone auf Flugmodus.

Diese ständige Tag und Nacht Erreichbarkeit kann das Unterbewusstsein ebenso fordern, ohne dass wir es wahrnehmen. Deswegen schalte die Verbindungen aus, du musst für niemanden jetzt erreichbar sein. Morgen früh kannst du es wieder einschalten und ganz entspannt alle Nachrichten beantworten.

Höre eine Einschlafgeschichte.

Ein Märchen, eine Schlafmeditation oder eine Geschichte aus Kindertagen. Es sollte nicht zu spannend sein und der Erzähler eine für dich angenehme Stimme haben. In meinem Podcast findest du einige Einschlafgeschichten / Märchen, welche du dir auch herunterladen und im Flugmodus anhören kannst. Unter dem Titel Türchen Nummer 6 findest du eine Weihnachtsgeschichte zum Einschlafen.

Creme oder Öle dich ein vor dem zu Bett gehen.

Dieses Ritual kann mehrere Vorteile haben: Zum einen wird deine Haut es dir danken, zum anderen, kannst du Düfte nehmen, die dir gut gefallen und die schlaffördernd sind (wie zum Beispiel Lavendel oder YlangYlang).

Mein Einschlafritual

_____

_____

_____

_____

_____

_____

_____

_____

_____

_____

_____

_____

_____

_____

_____

Bis Morgen

6. Dezember

Schönen Nikolaus wünsche ich. Na, hast du was im Stiefel gehabt? Wenn ja, freue dich darüber, dass andere Menschen an dich denken, wenn nicht, auch egal, denn heute beschenkst du dich selbst!

Du bist ein toller und wertvoller Mensch, du hast das verdient!

Schaue mal, was dein Geldbeutel übrig hat und dann gehe los und gönne dir etwas. Dies muss nicht zwangsläufig etwas Materielles sein, es kann auch eine Dienstleistung werden. Gehe zum Frisör, lass dir die Nägel machen, lass dich massieren oder setze dich einfach in ein Café mit einem großen Stück Torte und beobachte das Treiben um dich herum.

Vielleicht hast du ein wahnsinnig tolles Kleidungsstück entdeckt, an dem du seit Tagen schmachtend vorbei gehst. Kauf es dir! Du hast es dir verdient.

Es wird schon noch genug übrig bleiben, um deine Liebsten zu beschenken, heute bist du dein Liebstes.

Wieso ist es wichtig, sich selbst etwas zu gönnen?

Weil viele Menschen dies nicht tun. Es gibt bestimmt Personen, die das ganz hervorragend machen. Super, dann tue es heute auch. Aber viele Menschen, vielleicht auch du selber, stecken ihre Bedürfnisse erstmal zurück und denken an Andere. Das ist eine edle Tugend, doch auch darunter kann die Seele leiden. Es gibt dir einen

Aufschwung und steigert deinen Selbstwert, wenn du dich bewusst dazu entscheidest etwas für dich zu tun.

Mit diesem Buch hast du den ersten Schritt ja schon gemacht und das ist gut so. Nun gehe den nächsten Schritt und erfreue dich an deinem Geschenk an dich selbst.

Bis Morgen

7. Dezember

Hast du eigentlich Kerzen im Haus?

Wahrscheinlich, denn insbesondere in dieser dunklen Jahreszeit haben viele Menschen das Bedürfnis sich mit dem flackernden Licht etwas Wärme ins Haus zu holen. Und das tust du heute. Krame all deine Kerzenvorräte heraus und stelle so viele wie möglich in feuerfeste Behältnisse. Es ist dabei nicht wichtig, ob sie optisch zueinander passen, denn am Ende zählt das Licht, welches sie erzeugen. Nimm dir heute den Abend frei, schalte alle elektrischen Lichter in deiner Wohnung aus und erhelle jeden Raum mit Kerzen. Nimm dir ein Buch und lese ein wenig, vielleicht hast du ja noch eins im Regal, welches du schon seit Ewigkeiten lesen wolltest, es aber immer wieder verschoben hast. Heute ist der Tag, um damit zu beginnen. Du kannst das Buch auch prima in dein Abendritual mit einfließen lassen.

Oder du hörst dir einfach deine Lieblingsmusik an und schaust den Lichtern zu, wie sie eine ganz besondere Helle und Wärme verbreiten. Egal wie du es machst, mache es!

Bis Morgen

29

8. Dezember

Bist du ein Mensch, der viel Zeit draußen verbringt, auch bei Wind und Wetter?

Mein Gefühl sagt mir, die meisten Menschen, die dieses Buch lesen, werden diese Frage mit hoher Wahrscheinlichkeit mit Nein beantworten.

Na klar, im Sommer sind wir doch alle gerne draußen. Es ist warm, die Sonne scheint, man kann draußen auf einer Bank sitzen und die Natur oder die Menschen um sich herum beobachten.

Doch im Winter rausgehen? Zu kalt, zu nass, zu dunkel. Aber wie sagt Oma immer: »Es gibt kein schlechtes Wetter, es gibt nur schlechte Kleidung!«

Also pack dich warm ein und mache einen Spaziergang, am besten wenn es schon dunkel ist. Denn hier erlebt man den Zauber der dunklen Jahreszeit. In und an vielen Häusern und Wohnungen brennen Lichter, man kann sogar in das ein oder andere Geschehen hinein schauen und es ein wenig beobachten.

Nur bitte bleib nicht allzu lang vor einem hell erleuchteten Fenster stehen, es könnte für Außenstehende ein Grund zur Sorge sein.

Ich denke du verstehst, was zu tun ist. Gehe raus und erfreue dich an den Lichtern, die die dunkle Nacht erhellen. Sollte Schnee liegen ist ein Waldspaziergang ebenso besonders schön. Es ist keinesfalls dunkel, der

Schnee lässt alles heller erscheinen. Halte ab und zu mal inne und genieße einfach was du siehst, hörst und fühlst. Dies kann sehr befreiend sein und außerdem tut es der Gesundheit gut.

Bis Morgen

9. Dezember

Ganz schön anstrengend jeden Tag was für sich zu tun oder?

Gerade, wenn du es nicht gewohnt bist, dich so viel mit dir selbst zu beschäftigen und bewusster mit deinen Gedanken umzugehen, kann es dich ein wenig überfordern. Das ist jedoch etwas, was wir gar nicht möchten. Du sollst schließlich gestärkt durch den Advent kommen!

Du hast zu Beginn schon gelernt deinen inneren sicheren Ort zu erstellen. Ich hoffe, dass du diesen aktiv nutzt, um dich zu erden.

Heute möchte ich dir die nächste, ebenso wichtige Übung vorstellen:

Dein innerer Helfer.

Diese Übung ist eine wahnsinnig tolle Sache, denn hier erstellst du dein ganz persönliches Helferlein, welches dir den ganzen Tag zur Seite steht, oder auch nur dann wenn du es brauchst.

Du magst es im ersten Moment vielleicht etwas suspekt finden, dir eine Fantasiegestalt zu erschaffen, die dich begleiten soll. Aber glaube mir, das ist Gold wert.

Als Kinder haben wir uns alles Mögliche vorgestellt. Wir hatten Fantasiefreunde, unsere Kuscheltiere, Autos und Puppen waren lebendig und konnten sprechen. Doch nur wir konnten hören was sie sagten.

Kinder nutzen diese Fähigkeit so vielseitig: Wenn sie traurig sind und Trost brauchen oder aus Langeweile, um den Tag interessanter zu gestalten.

Als Erwachsene haben wir diese fabelhafte Fähigkeit leider aufgegeben. Doch sie schlummert in jedem von uns, auch in dir.

Erwecke sie von Neuem und du wirst erleben, wie heilsam sie sein kann.

Du findest diese Übung wie alle anderen in meinem Podcast unter Folge 9. Der innere Helfer-Meditation.

Bis Morgen

10. Dezember

Na, wie ist es gelaufen mit deinem Helferlein?

Ich hoffe es hat dir gefallen und du konntest dich gut darauf einlassen. Mache diese Übung ruhig ein paar mal, um diese Figur besser visualisieren zu können.

Heute werden wir ein bisschen kreativ.

Ich kann mir sehr gut vorstellen, dass es Dinge gibt, die du gut kannst oder welche, die du unbedingt mal ausprobieren oder lernen wolltest. Aber du hast es immer auf später verschoben, oder schon lange nicht mehr gemacht.

Vielleicht wolltest du schon immer mal ein paar Socken stricken? (Übrigens ein wahnsinns Weihnachtsgeschenk, ernsthaft)!

Oder etwas auf einer Leinwand malen?

Ein Gedicht schreiben? Deine Wohnung umdekorieren? Küchenkräuter selber pflanzen?

Was auch immer es ist, was du gerne tun möchtest, schreibe eine Liste und suche dir eine Sache aus, auf die du im Moment Lust hast. Du findest auf den nächsten Seiten noch weitere Anregungen. Manchmal erfüllt das ausmalen eines Mandalas auch schon seinen Zweck.

Was ich schon immer mal machen wollte

_____

_____

_____

_____

_____

_____

_____

_____

_____

_____

_____

_____

_____

_____

_____

_____

Schreibe ein kleines Gedicht und benutze folgende Wörter: Alles, wenig, Licht, Weg,

_____

_____

_____

_____

_____

_____

_____

_____

_____

_____

_____

_____

_____

_____

_____

Male deinen inneren Helfer

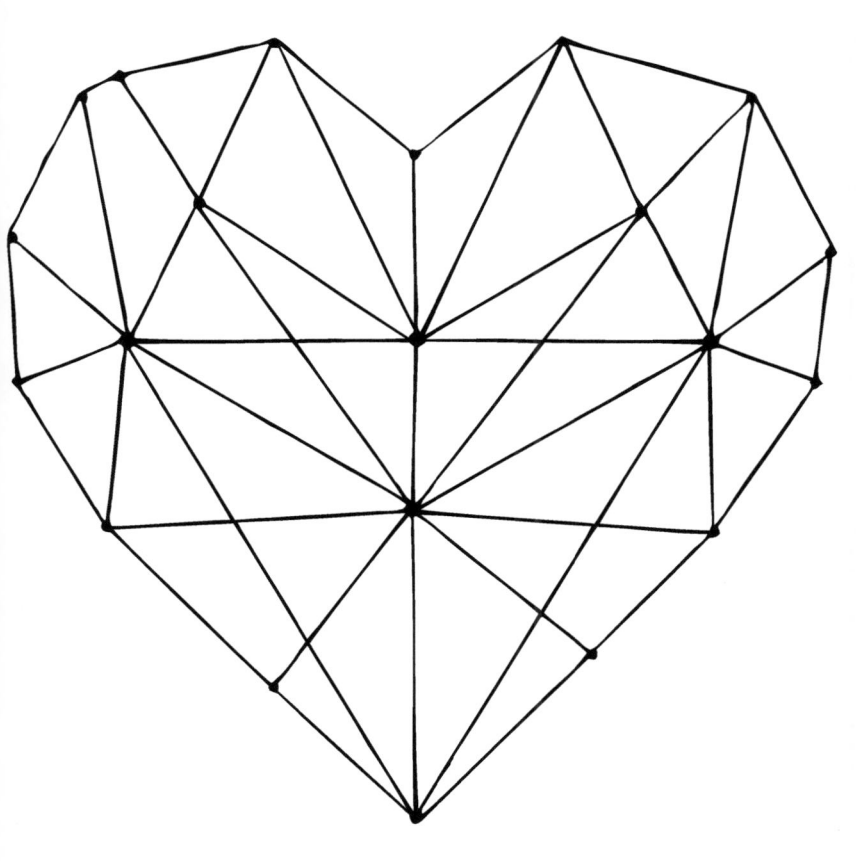

11. Dezember

Du bist was du isst.

Jeder kennt doch diesen Satz und gerade jetzt, wo die Regale schon seit Monaten überquellen mit den besten Weihnachtsleckereien, da achtet man nicht ganz so streng auf seine Ernährung. Das ist auch nicht schlimm, schließlich darf man sich mal was gönnen. Jedoch solltest du trotzallem darauf achten, dass auch nahrhafte Lebensmittel noch Platz in deiner Ernährung finden.

Um es dir schmackhaft zu machen, habe ich heute ein leckeres Rezept für dich. Du kannst es für die ganze Familie machen oder einen Freund, eine Freundin einladen und es mit ihr genießen.

Der Bratapfelsmoothie
Für 4 Personen

Nehme vier säuerliche Äpfel, schäle sie,
schneide sie in kleine Stücke und dünste sie
mit ein wenig Butter an, bis sie weich sind.
Gebe diese dann in einen Mixer, füge 300ml Apfelsaft,
mehrere Löffel Joghurt sowie Zimt und Ingwerpulver
hinzu und Mixe alles zusammen.
Fülle es in Gläser, dekoriere es mit Mandelsplittern.
Fertig ist dein Winterzauber-Getränk!

Bis Morgen

12. Dezember

Wann hast du eigentlich das letzte mal einen Brief ge-
schrieben oder erhalten?

Und ich meine keine Rechnung, Werbung oder gedruck-
te Einladung, sondern eine handschriftlich verfassten
Brief?

Durch das digitale Zeitalter, Allnet-Flatrates, verschie-
denste Messengerdienste und E-Mail, ist diese Kunst
leider eingeschlafen.

Dabei ist sie einfach und gleichzeitig so besonders. Setze dich heute hin und schreibe einer Person deiner Wahl
einfach mal einen handschriftlichen Brief. Es könnte ein
Familienmitglied sein, dem du auf diesem Wege mitteilen möchtest, wie wichtig er oder sie dir ist. Oder auch
dein Partner. Ein guter Freund/gute Freundin. Vielleicht
auch jemanden, den du gar nicht so gut kennst, den du
aber mal kennenlernen möchtest?!

Da reichen auch schon bloß drei bis vier Zeilen.

Aber tu es und du wirst sehen, dass dein Gegenüber sich
freut und du positive Resonanz erhalten wirst. Ich möchte dir dazu mein persönliches Erlebnis erzählen, welches
mir zu diesem Thema in den Sinn kommt.

Vor einigen Jahren habe ich in einer Wohnanlage gelebt,
die eine Waschküche im Keller hatte, mit einer gemein-
schaftlichen Waschmaschine. Als ich Nachmittags eine
Maschine waschen wollte, sah ich dass diese Maschine

schon belegt war und ging wieder in meine Wohnung. Eine Stunde später schaute ich erneut nach und traf den Übeltäter, welcher mir das Waschen verwehrte. Und der sah gar nicht so übel aus.

Er entschuldigte sich und sagte, er müsse noch eine Maschine waschen, ob das okay sei. Na klar.

Oben in meiner Wohnung ging mir dieser nette Typ nicht mehr aus dem Kopf. Ich wohnte jedoch in einer Wohnanlage mit mindestens 30 Parteien und war ihm zuvor noch nie begegnet. Bei der Berechnung der Wahrscheinlichkeit ihn wieder zu treffen oder heraus zu finden, wo er wohnte, oder wie er überhaupt heißt, kam ich bei 0 an und mir war klar, wenn ich ihn wieder sehen will, muss ich meinem Glück auf die Sprünge helfen.

Ich entschied mich also dazu, ihm einfach einen Zettel auf der Waschmaschine zu hinterlassen.

Ja klar, ich hätte auch in der Waschküche auf ihn warten können, bis er seine Wäsche holt, aber das kam mir dann doch ein wenig unheimlich vor.

Also schrieb ich...

Hallo Fremder,
da du mir meine kostbare Zeit
zum waschen gestohlen hast,
schuldest du mir jetzt einen
Kaffee :)
Für's Erste wäre ich aber auch
mit deinem Namen zufrieden.
0177/ * * * ***

Ja, was glaubt ihr, von wem ich am Abend eine Nachricht bekam?

Wir haben uns tatsächlich zum Kaffee getroffen und haben eine Zeit lang regelmäßig zusammen draußen auf der Wiese vorm Haus gesessen, wenn das Wetter schön war.

Es hat nicht gefunkt, aber wir waren uns sympathisch und haben Freundschaft geschlossen, bis er wegen seines Studiums in eine andere Stadt zog.

Und so kann es gehen, mit einem einfachen handgeschriebenem Zettel.

Ein ganzer Brief wird mit Sicherheit noch mehr bewegen.

Bis Morgen

13. Dezember

Halbzeit!

Und jetzt schau dich mal an. Und das meine ich wortwörtlich. Gehe zum Spiegel, schau dich an und klopfe dir auf die Schulter. Du hast die letzten zwei Wochen wirklich eine Menge für dich getan und in manchen Fällen bestimmt auch für Andere.

Ich möchte, dass du dir dein Spiegelbild anschaust und sagst, was du alles toll an dir findest, worauf du stolz bist und was dich besonders macht!

Ich bin mir ziemlich sicher, dass dir da, das ein oder andere einfallen wird, wenn du mal auf die letzten Tage zurückschaust.

Hätte ich dir diese Aufgabe ganz zu Anfang gestellt, wäre es dir bestimmt schwerer gefallen, aber heute schaffst du das!

Und um das alles nochmal zu untermauern, schreiben es auf! So kannst du an dunkleren Tagen immer mal wieder hier rein blättern und dich daran erinnern, dass du ein ganz besonderer Mensch bist.

Ich finde gut an mir, dass

_____

_____

_____

_____

_____

_____

_____

Ich bin stolz auf mich, weil

_____

_____

_____

_____

_____

_____

_____

_____

Das macht mich besonders

_____

_____

_____

_____

_____

_____

_____

_____

Bis Morgen

14. Dezember

„Darum sage ich euch: Alles, was ihr betet und bittet, glaubt nur, dass ihr's empfangt, so wird's euch zuteilwerden"

Markus 11 Vers 24

Diesen Bibelvers habe ich gewählt, weil man ihn so wunderbar auf das Leben übertragen und auslegen kann. Du musst für den heutigen Tag nicht gläubig sein, keiner bestimmten Religion angehören oder Ähnliches. Aber du darfst offen sein.

Meine persönliche Interpretation dieses Verses ist die, dass wenn du an etwas sehr feste glaubst, wird es geschehen oder schon geschehen sein. Und auf unsere mentale Gesundheit übertragen, bietet dies auch nochmal einen spannenden Blickwinkel.

Wenn du schon Abends im Bett liegst und dir Gedanken darüber machst, was dich Unangenehmes am nächsten Tag erwartet, so wird es auch unangenehm und blöd, weil man den negativen Dingen mehr Beachtung schenkt.

Lenkst du deine Gedanken jedoch ins Positive, so ist es wahrscheinlicher, dass du die Guten Dinge hervorheben und über schlechtes hinwegsehen kannst.

Aber nun zum eigentlichen Thema: Und zwar Gotteshäuser.

Ich schlage dir vor, mal ein Gotteshaus deiner Wahl zu besuchen, auch gerne einer dir unbekannten Religion.

Denn diese Häuser mit ihren Menschen darin, besitzen oft eine ganz tolle Energie. Es kann eine sehr meditative Stimmung sein, oder auch besonders fröhlich oder besonders ernst. Aber was es auch ist, wenn man sich einfach mal drauf einlässt und versucht sich zu öffnen, dann ist es ein wunderbares Erlebnis, welches einen ein wenig runterbringt oder in einen angenehm warmen Zustand versetzt.

Ich persönlich erlebe das oft bei Taize Gottesdiensten. Eine christliche Form des Gottesdienstes, die aus einer Abfolge von Gesängen, Psalm, Lesung, Stille und Fürbitten besteht. Meditative Gesänge spielen die Hauptrolle. Es wird viel mit warmen Farben und Kerzenschein gearbeitet. Ich gehe zweimal im Jahr zu solchen Gottesdiensten und fühle mich dabei und danach stets sehr geborgen.

Und jeder darf in die Kirche, egal welcher Religion man angehört oder wo man herkommt. Also probiere es doch einfach mal aus.

Bis Morgen

15. Dezember

Na, was war das Erste, was du heute nach dem aufwachen gemacht hast? Ich behaupte jetzt mal, dass du dein Smartphone in die Hand genommen hast. In erster Linie wahrscheinlich, um den Wecker auszustellen. Wenn man es dann schon in der Hand hat, kontrolliert man direkt auch noch, die über Nacht eingetrudelten, Nachrichten, checkt die sozialen Medien und schaut was man so über Nacht alles verpasst hat.

Das Zeitalter der Digitalisierung macht es uns möglich, wirklich immer und überall erreichbar zu sein und sorgt dafür, dass wir nichts verpassen. Selbst die Nachricht, dass in China ein Sack Reis umgefallen ist, kommt als Push-up Benachrichtigung bei uns an. Daraus ist eine regelrechte Sucht entstanden. Wir können gar nicht mehr ohne und wir nehmen unser Smartphone tatsächlich mehrmals täglich zur Hand, ohne dass es sich mit einem Vibrieren oder Geräusch bemerkbar gemacht hätte. Wir könnten ja was verpassen!

Insbesondere die sozialen Medien gaukeln uns vor, irgendwie mit jedem in Verbindung zu stehen. Peter hat ein Bild von seinem Burger gepostet, Renate ein Foto von ihren Katzen und Sibylle postet einen traurigen Text über nicht erwiderte Liebe.

Du hast das Gefühl genau zu wissen, was bei diesen Menschen los ist. Aber genau das ist das Fatale daran.

Zum einen spürt dein Gegenüber deine Anwesenheit und Teilhabe an seinem Leben überhaupt nicht, wenn du nicht darauf reagierst und zum anderen ist das in den seltensten Fällen echt. Ein lächelndes Bild sagt nichts über den Zustand des Menschen dahinter aus.

Heute ist dein analoger Tag. Sei doch einfach mal nicht ständig erreichbar und verfügbar.

Wenn du aufgrund deiner Arbeit jedoch darauf angewiesen bist, beschränke die Kontakte auf deine Arbeit und nicht darüber hinaus. Schalte das Internet aus, wenn es dir möglich ist und wenn du wirklich dringend jemandem etwas mitteilen möchtest, rufe diese Person doch einfach an, anstatt eine kurze Nachricht zu senden. Dies kann übrigens auch Missverständnisse vorbeugen. Es wurde schon so mancher Streit vom Zaun gebrochen, weil eine Nachricht falsch interpretiert wurde.

Kehre also heute den sozialen Medien den Rücken zu und triff dich mit einem lieben Freund oder Freundin in einer Bar oder trefft euch Zuhause. Es ist ein so viel schöneres Gefühl dem Menschen leibhaftig gegenüber zu sitzen, anstatt nur seine Worte auf dem Bildschirm zu lesen.

Bis Morgen

16. Dezember

Wenn es mir schlecht geht, sieht man mir das meistens an. Nicht nur an meiner Mimik, meinem Ausdruck und meiner Körperhaltung, sondern auch an meiner Frisur, Kleidung und meinem Make-Up. Meistens trage ich dann nämlich gar keine Schminke, ziehe mich unauffällig und schlicht an und meine Haare sind zu einem Zopf gebunden. Gerne auch mal 3 Tage nicht gewaschen...

Ja, man sollte ehrlich zu sich sein. Ebenso meine Fingernägel lassen zu wünschen übrig. Ich sehe bei genauerem Hinsehen ein bisschen verloddert aus.

Das kann passieren, passiert den Besten mal, und bestimmt auch dir ab und zu.

Aber es muss gar nicht unbedingt sein, dass man sich in einer schrecklichen melancholischen Phase befindet. Manchmal gibt es auch Zeiten, in denen man sich einfach mal gehen lässt und das mit Aussagen wie: »Für wen soll ich mich denn zurecht machen?!«, entschuldigt. Und ich sage dir jetzt, für wen du dich zurecht machen solltest: Für dich!

Denn du bist es wert, dass du in den Spiegel schaust und dich mit deinem Anblick gut fühlst! Und es muss nicht das große Makeover werden, trage einfach mal was frische Farbe auf deine Nägel, benutze etwas Tusche und Rouge fürs Gesicht oder Föhne deine Haare zu einer netten Frisur. Für Männer gilt das Selbe, also nicht ganz, aber rasiere dich, gehe zum Friseur, lege dir ein gut duftendes Aftershave zu. Und dann stell dich vor den Spiegel und lächel dich selber an.

Manchmal kann man die Seele nicht so gut von innen heraus heilen, aber man kann mit der Sanierung außen anfangen und seinem Inneren somit zeigen, dass sich etwas zum positiven verändert. Das macht viel aus, also probiere es mal aus!

Bis Morgen

17. Dezember

Die Macht der Düfte ist heute das Thema. Besonders in der Weihnachtszeit werden wir mit den verschiedensten aromatischen Kostbarkeiten konfrontiert. Gerade diese warmen Düfte wie, Zimt, Orangen, Nelken, Weihrauch usw., verbinden wir mit Weihnachten. Doch die Welt der Aromen hat eine Menge mehr zu bieten. Hier möchte ich dir eine Liste vorstellen, mit verschiedenen Düften und ihren Eigenschaften. Anhand dieser kleinen Orientierungshilfe kannst du dir deine eigenen Aromaöle zusammenstellen und diese zuhause nutzen, um deine Stimmung aufzuhellen, oder aber deinem Körper etwas Gutes zu tun.

Wenn du dir Düfte aus dem Internet bestellst, achte bitte unbedingt darauf, dass es Bioöle sind ohne allergene Stoffe, um Reizungen auszuschließen.

Du kannst diese für verschiedene Zwecke nutzen, zum Beispiel in einem Duftdiffusor, einer Aromaöl-kerze, oder aber auch mit kaltgepresstem Sonnenblumenöl mischen und es als Hautöl auftragen. Was auch immer du tust, es wird dir gut tun.

Lavendel

Mein persönlicher Favorit. Es löst Ängste und wirkt beruhigend und stimmungsaufhellend. Lavendel stärkt die Nerven und kann helfen Spannungen abzubauen. Generell ist es ein toller Allrounder, insbesondere bei Schlaflosigkeit, Stress und depressiven Verstimmungen.
Eine tolle Unterstützung in schweren Zeiten und mein alltäglicher Begleiter.

Teebaum

Öffnet den Geist für neue Ziele. Bei psychosomatischen Beschwerden, Schutz und Stabilität bei Hektik und Überforderung. Gibt Klarheit. Außerdem sehr entzündungshemmend bei Hautunreinheiten.

Lemongras

Schafft Klarheit und Frische, bringt die Sonne zurück ins Herz. Es regt die Tatkraft an, fördert die Konzentration und verstärkt die Ausdauer bei geistigen Arbeiten. Stimmt optimistisch.

Zitrone

Natürlich sehr gut für das Immunsystem, wenn man sie als Frucht zu sich nimmt. Aber das Aroma hat außerdem eine positive Wirkung auf dein Gedächtnis und das Gehirn. Du fühlst dich erfrischt.

Pfefferminz

Fördert die Durchblutung, befreit die Atemwege und hilft gegen Spannungskopfschmerzen, sowie Muskelverspannungen. Außerdem wirkt es stimulierend auf den Verdauungsbereich und wirkt entzündungshemmend.

Bergamotte

Dieser Duft schenkt uns mehr Zuversicht, Vertrauen und stimmt uns positiv. Der Duft des Öls ist frisch und angenehm. Er schenkt uns Wärme und hellt unsere Stimmung auf, es ist gerade so, als würde dieses Öl etwas Licht in unser Leben bringen. Es kann uns sowohl entspannen und beruhigen als auch anregen. Das Bergamotteöl löst zudem Ängste und entspannt unsere Nerven, es wirkt ausgleichend auf unsere Stimmung.

Zimt

Ebenso einer meiner Lieblingsdüfte. Zimt hat eine erdende Wirkung, es wärmt und gibt das Gefühl von Geborgenheit. Es wandelt Stress in Entspannung um und gibt Kraft für den Alltag.

Eukalyptus

Eukalyptusöl ist ein ideales Mittel bei einer Erkältung, bei Grippe, einer Bronchitis oder auch bei Angina. Du kannst das ätherische Öl des Eukalyptus in Form einer Inhalation, in einer Duftlampe oder als Balsam für die

Brust verwenden. Dazu empfehlen sich Mischungen mit anderen Ölen, zum Beispiel mit Fichtennadel, Kiefer, Zirbelkiefer oder Niaouli.

Eukalyptus steigert die Konzentration und regt uns an. Der Blutzuckerspiegel wird durch das Öl gesenkt.

Orange

Orangenöl stärk das Immunsystem, ist muskelentspannend, gerinnungshemmend, den Kreislauf anregend, und es kann bei hohem Blutdruck, Arteriosklerose, Verdauungsstörungen unterstützend helfen. Es ist zudem sehr stimmungsaufhellend und auch antidepressiv.

Rosmarin

Wirkt antriebssteigernd und weckt den Lebenswillen. Außerdem ein toller Unterstützer für Kreislauf und Durblutung. Ein Bad in Rosmarin wirkt belebend auf die Muskeln und gegen Schmerz.

Weihrauch

Dieser besondere Duft hat die Eigenschaft dich in eine meditative Stimmung zu versetzen und wirkt belebend auf das Gedächtnis. Ebenso hat es eine antidepressive und stimmungsaufhellende Wirkung.

YlangYlang

Gibt das Vertrauen, sich fallenlassen zu können. Setzt Gefühle frei, verleiht Geborgenheit und löst blockierte Gefühle. Es regt die Sinne an und ist ausgesprochen euphorisierend.

Auch bei Angst- und Spannungszuständen hat es eine positive Wirkung auf die Seele.

Jasmin

Jasmin hat eine besondere Wirkung auf unsere Libido. So kann der Duft anregend auf diese wirken. Außerdem wirkt es bei Wechseljahresbeschwerden, Schlafstörungen, depressiven Verstimmungen, Angstzuständen, mangelndem Selbstvertrauen, Hautentzündungen, trockene Haut oder psychisch bedingte Hautprobleme.

Bei diesen Düften handelt es sich natürlich nur um eine kleine Auswahl. Die Welt der Aromen ist vielfältig und ein Blick hinein lohnt sich. Auch die Anwendungen können ganz unterschiedlich sein. Probiere dich einfach mal aus und stelle deine eigenen Lieblingsdüfte zusammen, die dir den Tag verschönern.

Bis Morgen

18. Dezember

Heute möchte ich dich nochmal an deine neu erworbenen Ressourcen erinnern, an deinen inneren sicheren Ort, dein Helferlein und deine vielleicht neu entdeckten Talente und Eigenschaften.

Denn heute habe ich eine Aufgabe für dich, die dich auf der einen Seite fordern und auf der anderen Seite deinen Selbstwert steigern wird:

Das Verlassen der Komfortzone.

»Was ist denn das?«

Ganz einfach, das Wort Komfortzone beschreibt deinen individuellen Bereich des privaten und gesellschaftlichen Lebens, der durch Bequemlichkeit und Risikofreiheit geprägt ist.

Bedeutet im übertragenen Sinne: Spring über deinen Schatten!

Schreibe auf der nächsten Seite eine Liste mit Dingen, die du unterlässt, weil sie unangenehm sind oder du befürchtest, sie könnten unangenehm sein. Orte, die du meidest, weil du eine negative Erwartungshaltung hast.

Dies könnte eine ungeöffnete Rechnung sein, die noch bearbeitet werden möchte, oder ein Schwimmbadbesuch, den du meidest, weil du dich schämst. Vielleicht auch einfach das Ausmisten des Kellers oder Dachbodens. Es kann jedoch auch ein nicht ausgetragener Konflikt sein.

Alles ist möglich.

Gehe heute mal in dich und schreibe verschiedene Dinge auf. Dann suchst du dir Eines davon aus, was du heute angehen möchtest. Nur Eines! Rom wurde auch nicht an einem Tag erbaut.

Beiße die Zähne zusammen, begebe dich aus deiner Komfortzone und stelle dich einer Sache.

Du wirst im Nachhinein ein Gefühl der Erleichterung haben, weil du dich endlich überwunden hast und es liegt dir nicht mehr im Nacken.

Im allerbesten Fall bist du sogar sehr glücklich darüber es getan zu haben, weil es gar nicht so schlimm war, sondern dir richtig Freude bereitet hat. Das hängt natürlich von der Sache selbst ab, aber es ist möglich.

**Dinge, die ich mal wieder tun
könnte / sollte / müsste / möchte, für die ich
mich aus meiner Komfortzone wagen muss:**

_____

_____

_____

_____

_____

_____

_____

_____

_____

_____

_____

_____

Bis Morgen

19. Dezember

„Es ist nicht zu wenig Zeit, die wir haben, sondern es ist zu viel Zeit, die wir nicht nutzen"

Lucius Annaeus Seneca

Geschenke... Was schenke ich zu Weihnachten?!
Wenn du ein sehr organisierter Mensch bist, dann wirst du jetzt schon alle Geschenke beisammen haben und dieses Türchen für unnötig halten, aber warte ab, das ist es nicht!
Und wenn du so bist wie ich, hast du noch lange nicht für alle deine Lieben ein Geschenke und wirst versuchen in den nächsten Tagen irgendwas aufzutreiben. Brauchst du aber gar nicht. Du musst nicht unbedingt deinen Geldbeutel belasten oder irgendwas Unnötiges kaufen, nur weil du keine Idee hast.

Verschenke Zeit!

So, wie du dir hier mit diesem Buch Zeit für dich nimmst, verschenke Zeit mit dir. Hört sich einfach an. Ist es auch! Und außerdem ist es verdammt wertvoll. Schenke deiner besten Freundin einen Mädelsabend, deinem besten Freund einen Männerabend, deiner Familie einen Spieleabend.

Gestalte einen schönen Brief, eine schöne Karte und schreibe ein paar liebe Worte dazu. Du kannst auch noch eine Tüte selbstgebackene Kekse dazu schenken, aber das Hauptaugenmerk sollte auf der gemeinsamen Zeit liegen. Du wirst staunen, wie viel Freude du damit schenken kannst.

Bis Morgen

20. Dezember

Stell dir vor, du würdest zehn Jahre in die Zukunft reisen. Was möchtest du zu diesem Zeitpunkt alles erlebt haben?

Heute fordere ich dich ein bisschen. Ich möchte mit dieser Frage etwas bezwecken. Setze dich damit auseinander, was du in zehn Jahren gerne alles erlebt haben möchtest und was dich derzeit oder vielleicht auch in Zukunft daran hindern könnte.

Wir träumen uns häufig in eine schönere Zukunft, ohne in der Gegenwart etwas dafür zu tun. Manchmal hilft es, sich diese Dinge einmal aufzuschreiben und zu vergegenwärtigen. Was hindert mich daran diese Dinge zu tun? Was müsste ich tun oder verändern, um diese Ziele zu erreichen?

Mache dir darüber mal Gedanken und schreibe sie auf. Du sollst nicht von jetzt auf gleich dein Leben umkrempeln, denn das umdenken findet im Kopf statt. Dann kann der Rest folgen.

Vielleicht findest du ja schon das ein oder andere kleinere Ziel, was du erreichen kannst. Fange mit den kleinen Dingen an und arbeite dich hoch.

Stell dir vor, du würdest zehn Jahre in die Zukunft reisen. Was möchtest du zu diesem Zeitpunkt alles erlebt haben?

Was hindert dich derzeit daran
und wie kannst du es ändern?

_____

_____

_____

_____

_____

_____

_____

_____

_____

_____

_____

_____

Bis Morgen

21. Dezember

Es geht in die Endphase. Schaut man in die gehetzten Gesichter der Menschen, die einem über den Weg laufen, kann man deutlich sehen, dass diese Zeit nicht spurlos an einem vorüber geht. Ich hoffe, dass du nicht dazu gehörst und du schon eine deutliche Verbesserung deines Gemütszustandes wahrnehmen kannst.
Heute nochmal eine kleine Übung für dich:
Nutze Wartezeiten zum Durchatmen.
Die Schlange am Supermarkt, der Stau auf dem Weg nach Hause oder die Verspätung der öffentlichen Verkehrsmittel. Solche Wartezeiten können dich mehr stressen, als sie müssten. Vor allem, wenn es schnell gehen soll und wir in Eile sind. Der Ärger, der in solchen Situationen entsteht, ändert jedoch nichts an der Situation. Deswegen nutze diese Zeit zum durchatmen, um dich runterzufahren und entspannt am Ziel anzukommen. Zum ärgern ist das Leben dann doch zu kurz.
In meinem Podcast gibt es eine ganz tolle Atemübung (SOS Atemübung), welche dir helfen kann, in solch einer Situation deinen Herzschlag zu beruhigen und den Organismus runter zu fahren.

Bis Morgen

22. Dezember

„Lachen und Lächeln sind Tor und Pforte durch die viel Gutes in den Menschen hineinhuschen kann."

Christian Morgenstern

Kleine Aufgabe an dich, große Wirkung auf deine Umwelt. Schenke heute deinen Mitmenschen dein Lächeln. Denn, wer lächelt fühlt sich glücklicher und wer in ein lächelndes Gesicht schaut, neigt eher dazu dieses zu erwidern und ebenfalls zu lächeln. Es ist ein wenig wie das olympische Feuer: Gib dein Lächeln weiter und trage es in die Welt! Das wird sich auch in deinem Inneren bemerkbar machen.

Bis Morgen

23. Dezember

Tanze und schreie dich frei!

Und zwar wortwörtlich.

Du hast die letzten Tage Unglaubliches zustande gebracht. Du hast dich mit dir selber beschäftigt, hast bestimmt auch schwierige Themen deines Lebens bearbeitet, hast dich neu gefunden und vielleicht auch neue Rituale in deinen Alltag eingefügt. Das ist beachtenswert und kann auch scheiße anstrengend sein. Man kann nicht immer alle Gefühle „wegmeditieren" oder „weglächeln", man darf auch mal ausflippen! Und das tust du heute. Und zwar auf deine Weise! Fahre in einen Wald oder einen abgelegenen Ort und schreie einfach mal all deine Emotionen heraus. Es kann ein Wut- oder Freudenschrei sein. Schimpfe oder bedanke dich beim Leben. Egal was du tust, fühle dich frei dabei!

Du kannst dich auch frei tanzen. Drehe die Musik voll auf und tobe dich richtig aus! Es schaut dir Niemand dabei zu, du musst dabei nicht gut aussehen oder irgendwelche Tanzschritte beherrschen, power dich aus und lass deinen Energien und Gefühlen freien Lauf. Das ist ein ganz wichtiger und befreiender Akt. Auch wenn du eigentlich gar nicht der Typ für so etwas bist, probiere es aus. In den meisten Fällen wird es dir Erleichterung verschaffen. Es kann aber auch Emotionen hervorrufen, die dir unbekannt sind.

Lass dich darauf ein und entdecke vielleicht eine neue Seite an dir. Lass alles raus, damit du losgelöst in die Feiertage starten kannst.

Bis Morgen

24. Dezember

„Jeder Tag ist ein kleines Leben – jedes Erwachen und Aufstehen eine kleine Geburt, jeder frische Morgen eine kleine Jugend, und jedes zu Bett gehen und Einschlafen ein kleiner Tod"

Arthur Schopenhauer

Der letzte Tag unserer kleinen gemeinsamen Reise. Deiner Reise.

Du kannst wirklich sehr stolz auf dich sein!

Auch für die kleinen Erfolge. Ich möchte, dass du noch einmal durch das Buch blätterst und dir anschaust, was du dir alles aufgeschrieben hast. Lasse einmal Revue passieren, was sich in dieser Zeit verändert hat. Überlege, welche Ziele du dir neu gesetzt hast und was du tun wirst oder schon getan hast, um diese zu erreichen.

Aber bevor du das tust, möchte ich mich bei dir bedanken, dafür, dass du dich geöffnet hast und dieses Projekt scheinbar bis zum letzten Tag verfolgt hast! Ich wünsche mir für dich, dass du alles Gelernte auch über den Advent hinaus anwendest. Ich hoffe sehr, dass du wertvollen Nutzen aus dieser Zeit gewinnen konntest und du immer an dich glaubst und niemals aufhörst weiter zu machen. Du bist der einzige Mensch, der etwas in deinem Leben verändern kann und nur du kannst deine Welt ein bisschen besser machen. Und jeden Tag hast du eine neue Chance dazu. Lasse dich auch von dunklen Tagen nicht unterkriegen.

Denke immer an diese Zeit und die Dinge, die du für dich geschaffen und erreicht hast.

Du bist ein Wunder

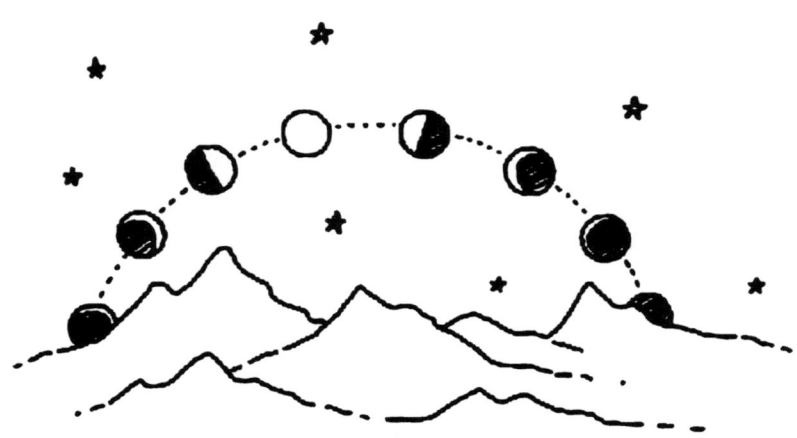

**Was hat sich in deinem Leben und deinem Alltag
durch dieses Buch zum positiven verändert?**

Welche Ziele hast du dir gesetzt und
wie wirst du sie umsetzen?

Schreibe deine besten Eigenschaften auf, hast du Neue an dir entdeckt?

_____

_____

_____

_____

_____

_____

_____

_____

_____

_____

_____

_____

_____

_____

_____

_____

Was hast du getan, um aus deiner Komfortzone zu treten? Oder was hast du dir vorgenommen?

Bis bald

Liebe Leserinnen und Leser,

in meinem Buch »Angst« nehme ich euch mit auf eine Reise durch mein Leben. Ein Leben geprägt von Verlusten, falsch verstandener Liebe, alkoholkranken Eltern, gipfelnd in Ängsten und Panikattacken und mein Umgang mit diesen.

Beginnend in meiner Jugend dürft ihr mit mir wachsen, Verluste betrauern und Erfolge feiern und irgendwie ein bisschen erwachsen werden.

Dieses Buch ist kein professioneller Ratgeber und kein Patentrezept gegen psychische Erkrankungen, es ist ein sehr persönlicher Erfahrungsbericht, der Betroffenen Mut machen soll und ihnen aufzeigen soll, ihr seid nicht alleine. Es ist ein Beispiel, wie so etwas entstehen kann. Dieses Buch ist für alle Menschen, ob betroffen oder nicht.

Es hilft vielleicht ein bisschen zu verstehen.

Anouk Rüdiger

ANGST

mit Beklemmung, Bedrückung, Erregung,
einhergehender Gefühlszustand
[angesichts einer Gefahr]; undeutliches
Gefühl des Bedrohtseins

TAGEBUCH EINER BETROFFENEN